Impressum
Verlag: BABADADA GmbH, Nedderfeld 112 , 22529 Hamburg
Geschäftsführer / Verlagsleitung: Harald Hof
Druck: Books on Demand GmbH, In de Tarpen 42, 22848 Norderstedt

Imprint
Publisher: BABADADA GmbH, Nedderfeld 112 , 22529 Hamburg, Germany
Managing Director / Publishing direction: Harald Hof
Print: Books on Demand GmbH, In de Tarpen 42, 22848 Norderstedt, Germany

1

école

בית ספר

salle de classe
כיתה
diviser
חילק
186/2
tableau noir
לוח
cour de récréation
חצר בית ספר
enseignant
מורה
papier
נייר
écrire
כתב
stylo
עט
bureau
שולחן עבודה
règle
סרגל
livre
ספר
élève
תלמיד

sac d'école

ילקוט

trousse

קלמר

crayon

עיפרון

taille-crayon

מחדד

gomme

גומי מחיקה

carnet à dessin

חוברת סרטוט

2

dessin

סרטוט

pinceau

מברשת

boîte de peinture

קופסת צבעים

ciseaux

מספריים

colle

דבק

cahier d'exercices

ספר תרגול

tâches

שיעור בית

chiffre

מספר

additionner

חיבר

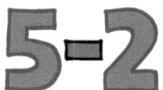

soustraire

חיסר

multiplier

הכפיל

calculer

חישב

lettre

אות

alphabet

אלפבית

mot

מילה

texte

טקסט

lire

קרא

craie

גיר

leçon

שיעור

livre de classe

יומן נוכחות

examen

מבחן

certificat

תעודה

uniforme scolaire

תלבושת בית ספר

formation

חינוך

lexique

אנציקלופדיה

université

אוניברסיטה

microscope

מיקרוסקופ

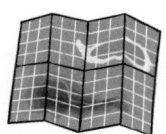

carte

מפה

corbeille à papier

סל נייר

hôtel
מלון

auberge
הוסטל

bureau de change
המרת מטבע

valise
מזוודה

voiture
אוטו

		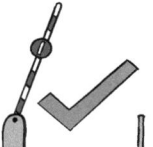
langue	oui / non	d'accord
שפה	כן / לא	בסדר

Salut	interprète	merci
שלום	מתרגם	תודה

Combien coûte...?

כמה עולה.....?

Je ne comprends pas

אני לא מבין

problème

בעיה

Bonsoir!

ערב טוב!

Bonjour!

בוקר טוב!

Bonne nuit!

לילה טוב!

Au revoir

להתראות

direction

כיוון

bagages

כבודה

sac

תיק

sac-à-dos

תרמיל גב

hôte

אורח

pièce

חדר

sac de couchage

שק שינה

tente

אוהל

office de tourisme

מרכז מידע לתיירים

plage

חוף ים

carte de crédit

כרטיס אשראי

petit-déjeuner

ארוחת בוקר

déjeuner

ארוחת צהריים

dîner

ארוחת ערב

billet

כרטיס

ascenseur

מעלית

timbre

בול

frontière

גבול

douane

מכס

ambassade

שגרירות

visa

אשרה

passeport

דרכון

transport

תחבורה

avion
מטוס
navire
אונייה
véhicule de pompiers
כבאית
camion
משאית
bus
אוטובוס
bateau à moteur
סירת מנוע
voiture
אוטו
bicyclette
אופניים

ferry

מעבורת

barque

סירה

moto

אופנוע

voiture de police

ניידת משטרה

voiture de course

מכונית מרוץ

voiture de location

רכב שכור

autopartage

מכוניות בשיתוף

dépanneuse

אוטו גרר

benne à ordures

משאית זבל

moteur

מנוע

essence

דלק

station d'essence

תחנת דלק

panneau indicateur

תמרור

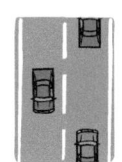

trafic

תנועה

embouteillage

פקק תנועה

parking

חניה

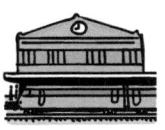

gare

תחנת רכבת

rails

פסי רכבת

train

רכבת

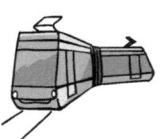

tram

רכבת קלה

wagon

קרון

hélicoptère

מסוק

aéroport

שדה-תעופה

tour

מגדל

passager

נוסע

container

קונטיינר

carton

קרטון

chariot

עגלה

corbeille

סל

décoller / atterrir

המראה / נחיתה

ville

עיר

village

כפר

centre-ville

מרכז העיר

maison

בית

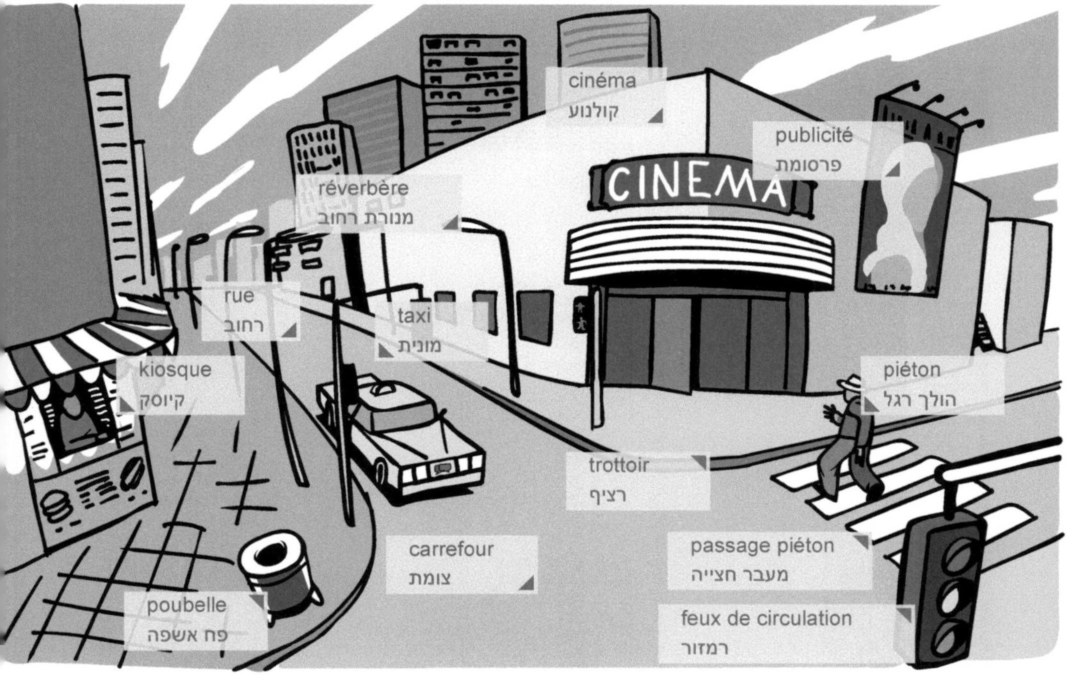

cinéma / קולנוע

publicité / פרסומת

réverbère / מנורת רחוב

rue / רחוב

taxi / מונית

kiosque / קיוסק

piéton / הולך רגל

trottoir / רציף

carrefour / צומת

passage piéton / מעבר חצייה

poubelle / פח אשפה

feux de circulation / רמזור

CINEMA

cabane

בקתה

appartement

דירה

gare

תחנת רכבת

mairie

עירייה

musée

מוזיאון

école

בית ספר

université

אוניברסיטה

banque

בנק

hôpital

בית חולים

hôtel

מלון

pharmacie

בית מרקחת

bureau

משרד

librairie

חנות ספרים

magasin

חנות

fleuriste

חנות פרחים

supermarché

סופרמרקט

marché

שוק

grand magasin

כל-בו

poissonnerie

מוכר דגים

centre commercial

קניון

port

נמל

parc

פארק

banque

ספסל

pont

גשר

escaliers

מדרגות

métro

רכבת תחתית

tunnel

מנהרה

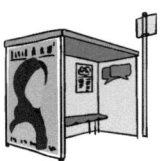

arrêt de bus

תחנת אוטובוס

bar

בר

restaurant

מסעדה

boîte à lettres

תא דואר

panneau indicateur

שלט רחוב

parcomètre

מדחן

zoo

גן חיות

réverbère

בריכת שחיה

mosquée

מסגד

ferme

חווה

pollution

זיהום

cimetière

בית עלמין

église

כנסייה

aire de jeux

מגרש משחקים

temple

בית מקדש

paysage

נוף

feuille
עלה

panneau indicateur
תמרור

chemin
דרך

pré
מרעה

pierre
אבן

randonneur
מטייל

arbre
עץ

rivière
נהר

herbe
דשא

fleur
פרח

vallée

בקעה

montagne

הר

lac

אגם

forêt

יער

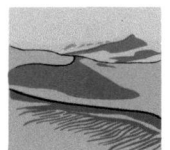

désert

מדבר

volcan

הר געש

château

טירה

arc-en-ciel

קשת בענן

champignon

פטריה

palmier

דקל

moustique

יתוש

mouche

זבוב

fourmis

נמלה

abeille

דבורה

araignée

עכביש

scarabée

חיפושית

grenouille

צפרדע

écureuil

סנאי

hérisson

קיפוד

lapin

ארנב

chouette

ינשוף

oiseau

ציפור

cygne

ברבור

sanglier

חזיר בר

cerf

צבי

élan

אייל הקורא

barrage

סכר

éolienne

טורבינת רוח

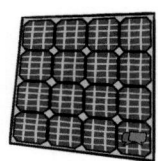

panneau solaire

פנל סולארי

climat

אקלים

restaurant

מסעדה

serveur
מלצר
menu
תפריט
chaise
כסא
soupe
מרק
pizza
פיצה
services
סכו"ם
nappe
מפת שולחן

hors d'œuvre

מנת פתיחה

plat principal

מנה עיקרית

dessert

קינוח

boissons

שתיות

alimentation

אוכל

bouteille

בקבוק

fast-food

מזון מהיר

plats à emporter

אוכל רחוב

théière

קנקן תה

sucrier

מסכרת

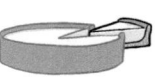

portion

מנה

machine à expresso

מכונת אספרסו

chaise haute

כסא תינוק

facture

חשבון

plateau

מגש

couteau

סכין

fourchette

מזלג

cuillère

כף

cuillère à thé

כפית

serviette

מפית

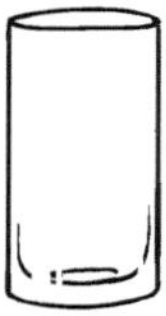

verre

כוס

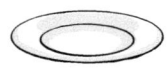

assiette

צלחת

assiette à soupe

קערת מרק

soucoupe

תחתית

sauce

רוטב

salière

מלחייה

moulin à poivre

מטחנת פלפל

vinaigre

חומץ

huile

שמן

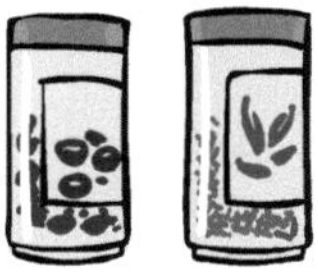

épices

תבלינים

ketchup

קטשופ

moutarde

חרדל

mayonnaise

מיונז

supermarché

סופרמרקט

offre promotionnelle
מבצע
FOR
client
לקוח
produits laitiers
מוצרי חלב
fruits
פירות
caddie
עגלת קניות

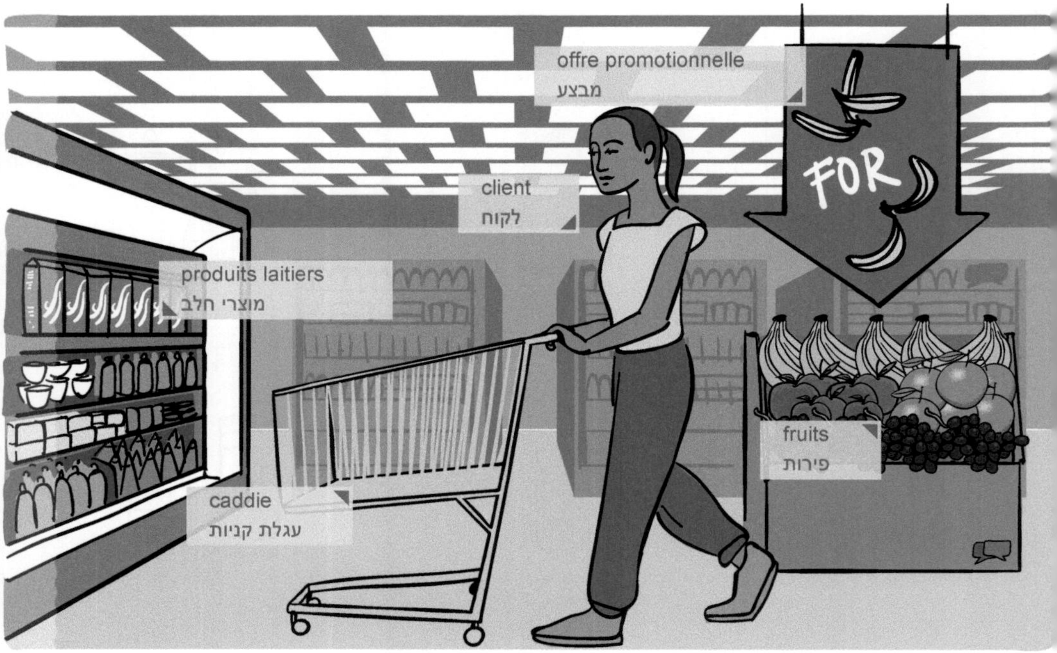

boucherie

אטליז

boulangerie

מאפייה

peser

שקל

légumes

ירקות

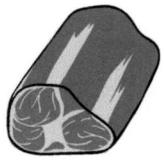

viande

בשר

aliments surgelés

מזון קפוא

charcuterie

בשר קר

conserves

שימורים

poudre à lessive

אבקת כביסה

bonbons

ממתקים

articménagers

מוצרי בית

détergents

חומר ניקוי

vendeuse

מוכרת

caisse

קופה

caissier

קופאי

liste d'achats

רשימת קניות

heures d'ouverture

שעות פתיחה

portefeuille

ארנק

carte de crédit

כרטיס אשראי

sac

תיק

sac en plastique

שקית נילון

boissons

שתיות

eau

מים

jus de fruit

מיץ

lait

חלב

coca

קולה

vin

יין

bière

בירה

alcool

אלכוהול

chocolat chaud

קקאו

thé

תה

café

קפה

expresso

אספרסו

cappuccino

קפוצ'ינו

alimentation
אוכל

banane

בננה

pomme

תפוח

orange

תפוז

melon

אבטיח

citron

לימון

carotte

גזר

ail

שום

bambou

במבוק

oignon

בצל

champignon

פטריות

noisettes

אגוזים

pâtes

אטריות

spaghettis

ספגטי

riz

אורז

salade

סלט

frites

צ'יפס

pommes de terre rôties

צ'יפס

pizza

פיצה

hamburger

המבורגר

sandwich

כריך

escalope

שניצל

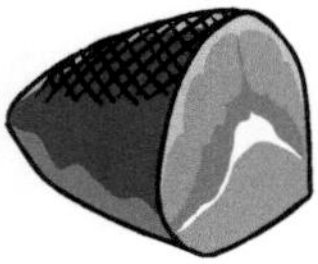

jambon

שינקין

salami

סלאמי

saucisse

נקניקיה

poulet

עוף

rôti

טיגון

poisson

דג

flocons d'avoine

שיבולת שועל

muesli

מוזלי

cornflakes

קורנפלקס

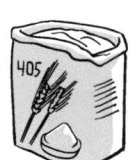

farine

קמח

croissant

קרואסון

petits-pains

לחמנייה

pain

לחם

pain grillé

טוסט

biscuits

עוגיות

beurre

חמאה

fromage blanc

גבינה לבנה

gâteau

עוגה

œuf

ביצה

œuf au plat

ביצת עין

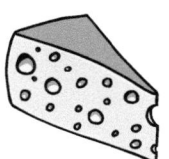

fromage

גבינה

glace

גלידה

sucre

סוכר

miel

דבש

confiture

ריבה

crème nougat

ממרח נוגט

curry

קארי

ferme

חווה

grange
אסם
botte de paille
חבילת שחת
champ
שדה
cheval
סוס
remorque
עגלת נגרר
tracteur
טרקטור
poulain
סייח
âne
חמור
mouton
כבש
agneau
טלה

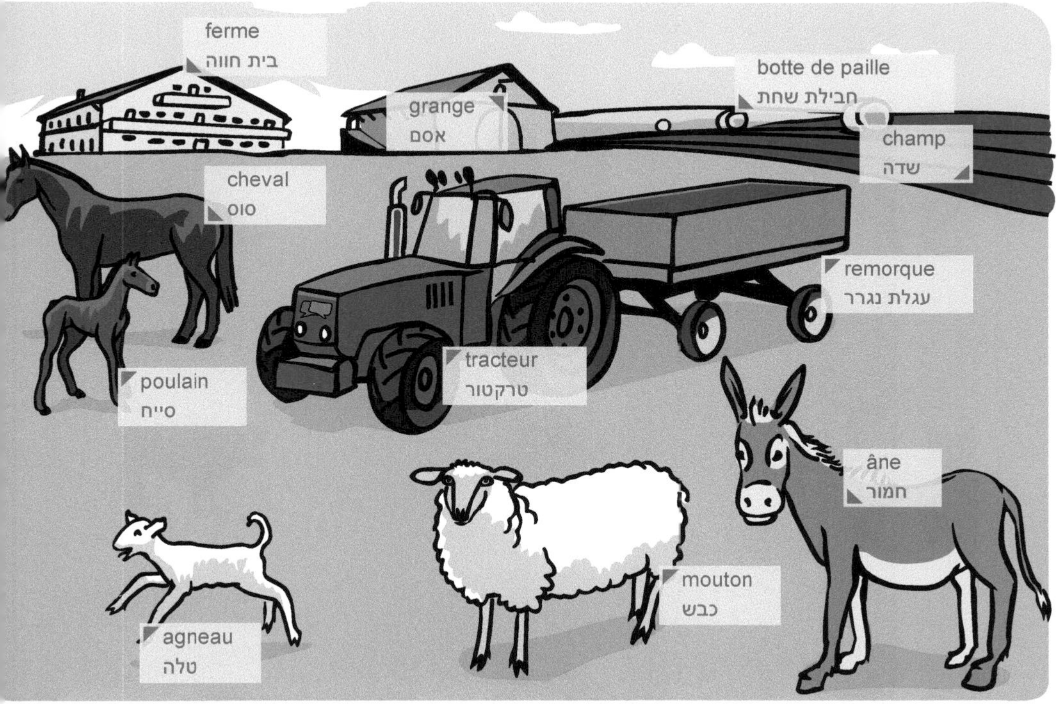

chèvre

עז

vache

פרה

veau

עגל

porc

חזיר

porcelet

חזרזיר

taureau

שור

oie

אווז

canard

ברווז

poussin

אפרוח

poule

תרנגולת

coq

תרנגול

rat

חולדה

chat

חתול

souris

עכבר

bœuf

שור

chien

כלב

chenil

מלונה

tuyau de jardin

צינור השקיה

arrosoir

קנקן מים

faucheuse

חרמש

charrue

מחרשה

faucille

מגל

pioche

מגרפה

fourche

קלשון

hache

גרזן

brouette

מריצה

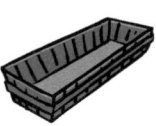

cuve

שוקת

pot à lait

כד חלב

sac

שק

clôture

גדר

étable

אורווה

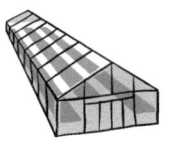

serre

חממה

sol

אדמה

semences

זרע

engrais

דשן

moissonneuse-batteuse

מקצרה

récolter

קצר

récolte

קציר

igname

בטטה אפריקנית

blé

חיטה

soja

סויה

pomme de terre

תפוח אדמה

maïs

תירס

colza

קנולה

arbre fruitier

עץ פירות

manioc

קסבה

céréales

דגנים

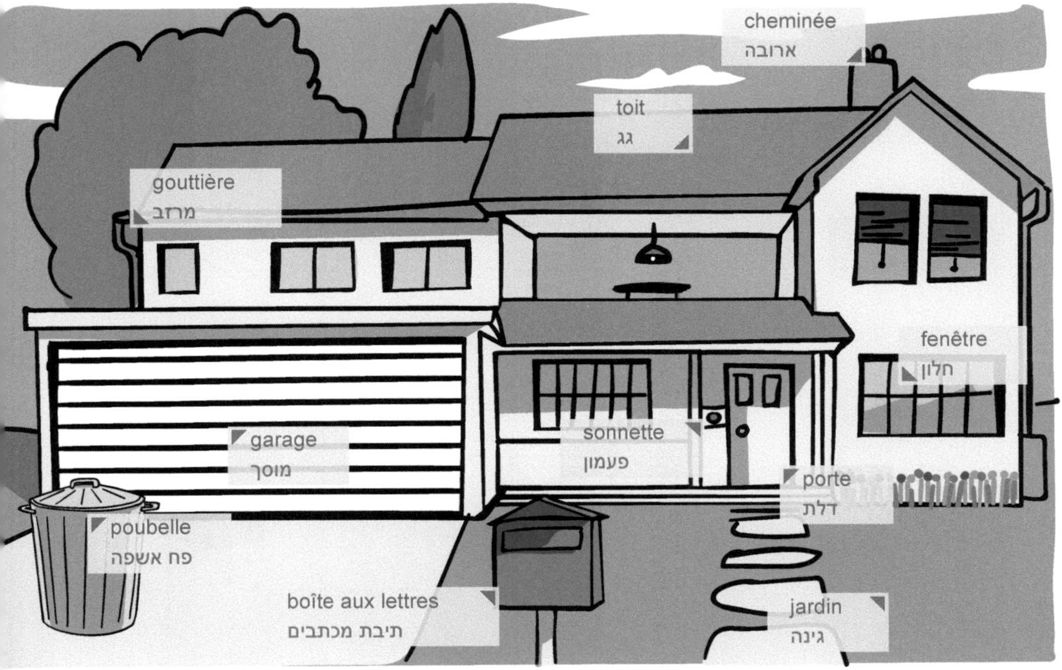

cheminée
ארובה

toit
גג

gouttière
מרזב

fenêtre
חלון

garage
מוסך

sonnette
פעמון

porte
דלת

poubelle
פח אשפה

boîte aux lettres
תיבת מכתבים

jardin
גינה

salon
סלון

chambre de bain
חדר אמבטיה

cuisine
מטבח

chambre à coucher
חדר שינה

chambre d'enfant
חדר ילדים

salle à manger
חדר אוכל

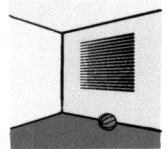

sol

רצפה

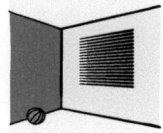

mur

קיר

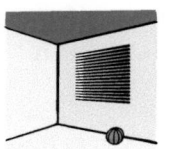

plafond

תקרה

cave

מרתף

sauna

סאונה

balcon

מרפסת

terrasse

מרפסת

piscine

בריכה

tondeuse à gazon

מכסחת דשא

fourre de duvet

סדין

couette

כיסוי מיטה

lit

מיטה

balai

מטאטא

sceau

דלי

interrupteur

מפסק

salon
סלון

papier peint
טפט
image
תמונה
lampe
מנורה
étagère
מדף
armoire
ארון
télé
טלוויזיה
cheminée
אח
fleur
פרח
coussin
כרית
canapé
ספה
vase
אגרטל
télécommande
שלט רחוק

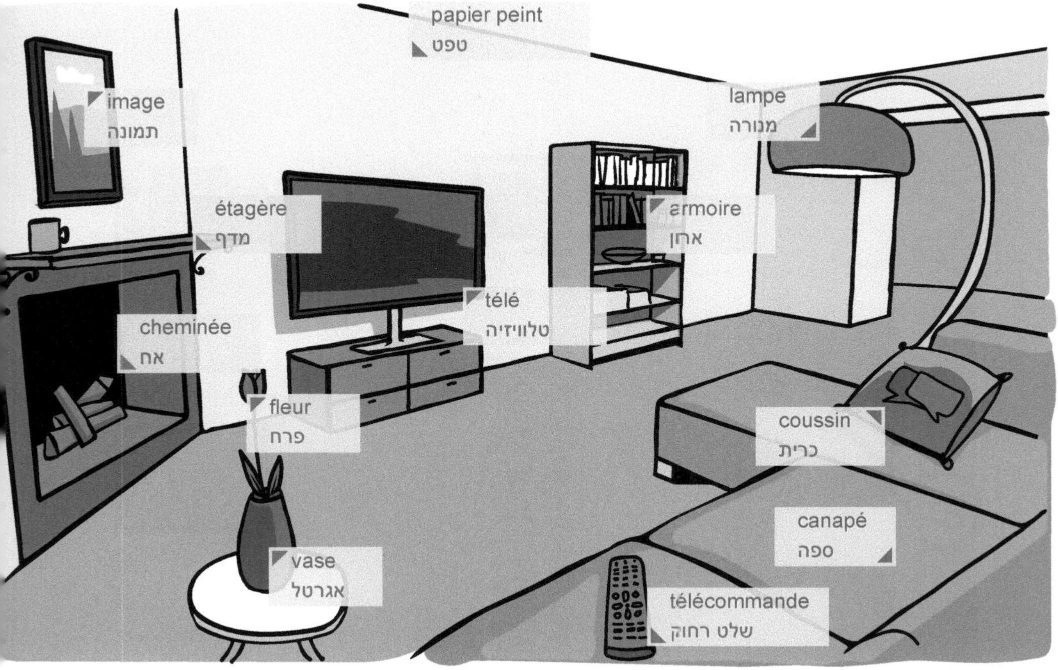

tapis

שטיח

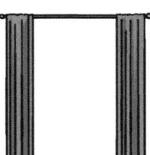

rideau

וילון

table

שולחן

chaise

כסא

chaise à bascule

כיסא נדנדה

fauteuil

כורסה

livre

ספר

couverture

שמיכה

décoration

דקורציה

bois de chauffage

עצי הסקה

film

סרט

chaîne hi-fi

מערכת סטריאו

clé

מפתח

journal

עיתון

peinture

ציור

poster

פוסטר

radio

רדיו

bloc-notes

מחברת

aspirateur

שואב אבק

cactus

קקטוס

bougie

נר

cuisine

מטבח

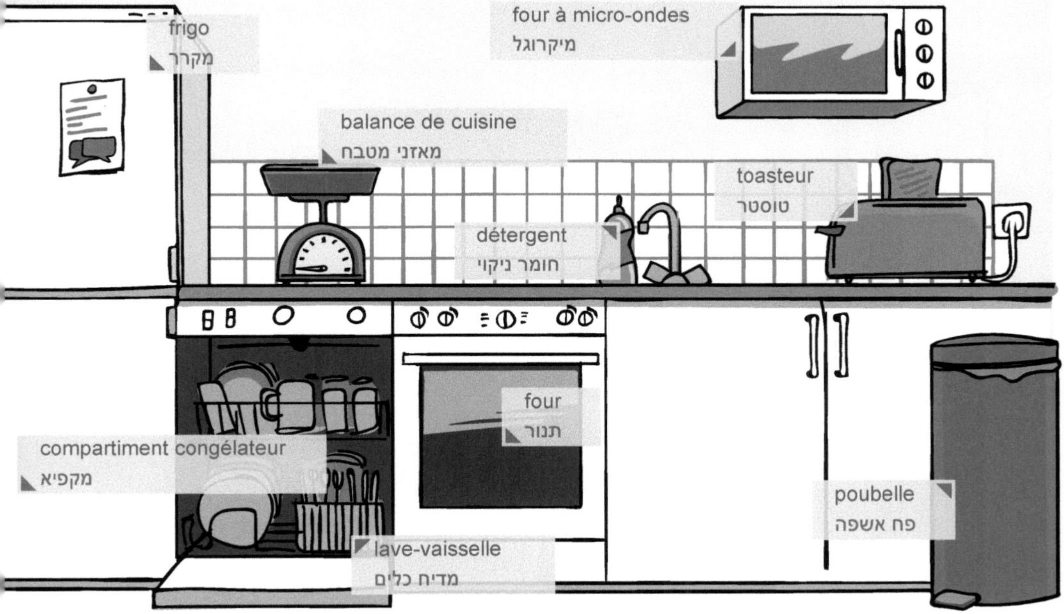
frigo
מקרר
four à micro-ondes
מיקרוגל
balance de cuisine
מאזני מטבח
toasteur
טוסטר
détergent
חומר ניקוי
four
תנור
compartiment congélateur
מקפיא
poubelle
פח אשפה
lave-vaisselle
מדיח כלים

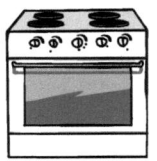

four

תנור

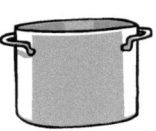

casserole

סיר

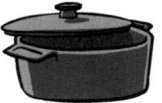

marmite

סיר ברזל

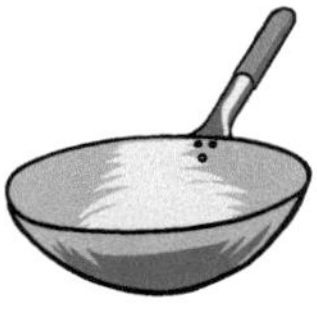

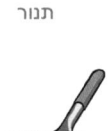

wok/kadai

ווק

poêle

מחבת

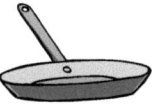

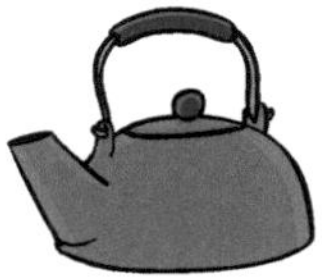

bouilloire électrique

קומקום חשמלי

cuiseur vapeur

מאדה

plaque de cuisson

מגש אפייה

vaisselle

כלי אוכל

gobelet

ספל

bol

קערה

baguettes

צ'ופסטיקס

louche

מצקת

spatule

מרית

fouet

מטרפה

passoire

מסננת בישול

tamis

מסננת

râpe

מגרדת

mortier

מכתש

barbecue

גריל

cheminée

מדורה

planche à découper

קרש חיתוך

rouleau à pâtisserie

מערוך

tire-bouchon

פותחן פקקים

boîte

פחית

ouvre-boîte

פותחן קופסאות

maniques

מטלית

lavabo

כיור

brosse

מברשת

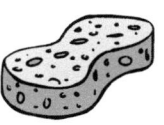

éponge

ספוג

mixeur

בלנדר

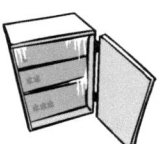

congélateur

מקפיא

biberon

בקבוק לתינוק

robinet

ברז

chambre de bain

חדר אמבטיה

chauffage
חימום
serviette
מגבת
bain moussant
אמבטיית קצף
douche
מקלחת
rideau de douche
וילון מקלחת
baignoire
אמבטיה
machine à laver
מכונת כביסה
carrelage
אריחים
robinet
ברז
verre
כוס
pot
סיר לילה
lavabo
כיור

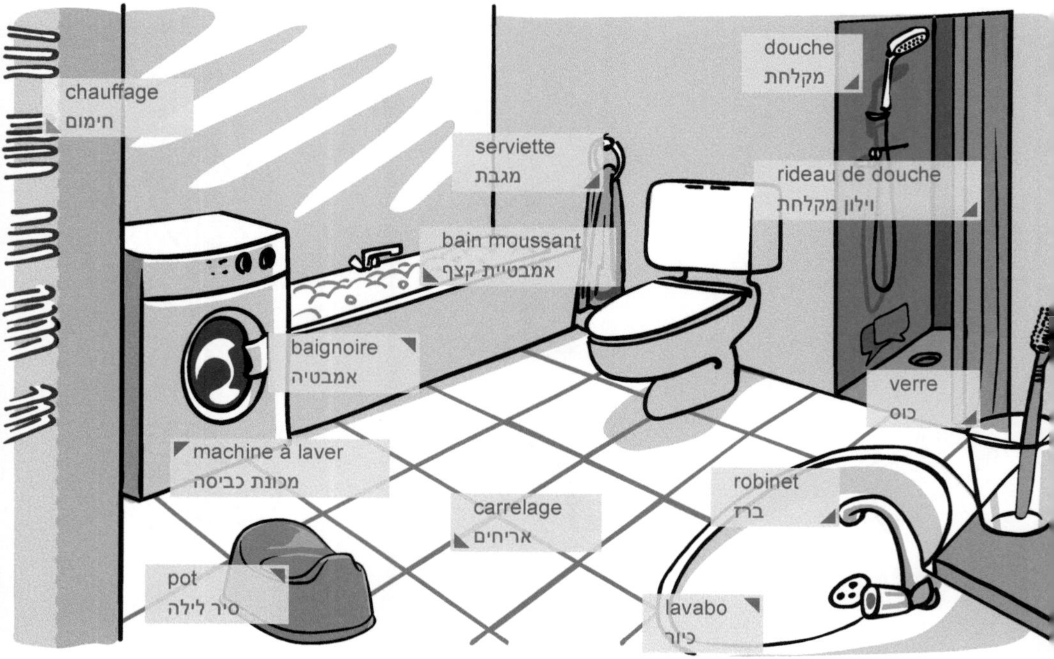

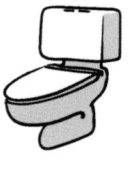

toilettes

אסלה

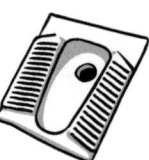

toilette à turque

אסלת כריעה

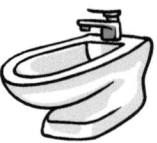

bidet

בידה

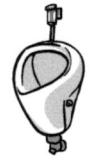

urinoir

משתנה

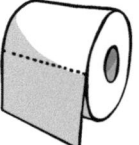

papier toilette

נייר טואלט

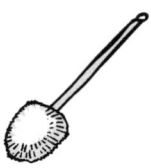

brosse à toilette

מברשת אסלה

brosse à dents

מברשת שיניים

dentifrice

משחת שיניים

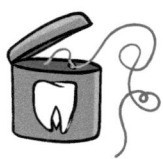

fil dentaire

חוט דנטלי

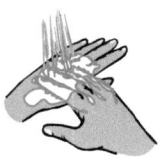

laver

שטף

douche manuelle

מקלחת יד

douche intime

צינור שטיפה לשירותים

vasque

קערת רחצה

brosse dorsale

מברשת גב

savon

סבון

gel douche

ג'ל רחצה

shampooing

שמפו

gant de toilette

ליפה

écoulement

ניקוז

crème

קרם

déodorant

דיאודורנט

chambre de bain - חדר אמבטיה

miroir

מראה

miroir cosmétique

מראת יד

rasoir

סכין גילוח

mousse à raser

קצף גילוח

après-rasage

אפטרשייב

peigne

מסרק

brosse

מברשת

sèche-cheveux

מייבש שיעור

laque pour cheveux

ספריי לשיער

fond de teint

איפור

rouge à lèvres

שפתון

vernis à ongles

לק

ouate

צמר גפן

coupe-ongles

מספריים לציפורניים

parfum

בושם

trousse de toilette

תיק כלי רחצה

tabouret

שרפרף

balance

משקל

peignoir

חלוק רחצה

gants de nettoyage

כפפות גומי

tampon

טמפון

serviettes hygiéniques

תחבושת סניטרית

toilette chimique

שירותים כימיקליים

chambre d'enfant

חדר ילדים

réveil
שעון מעורר
doudou
צעצוע חיבוק
voiture jouet
מכונית צעצוע
hochet
רעשן
maison de poupée
בית בובות
cadeau
מתנה

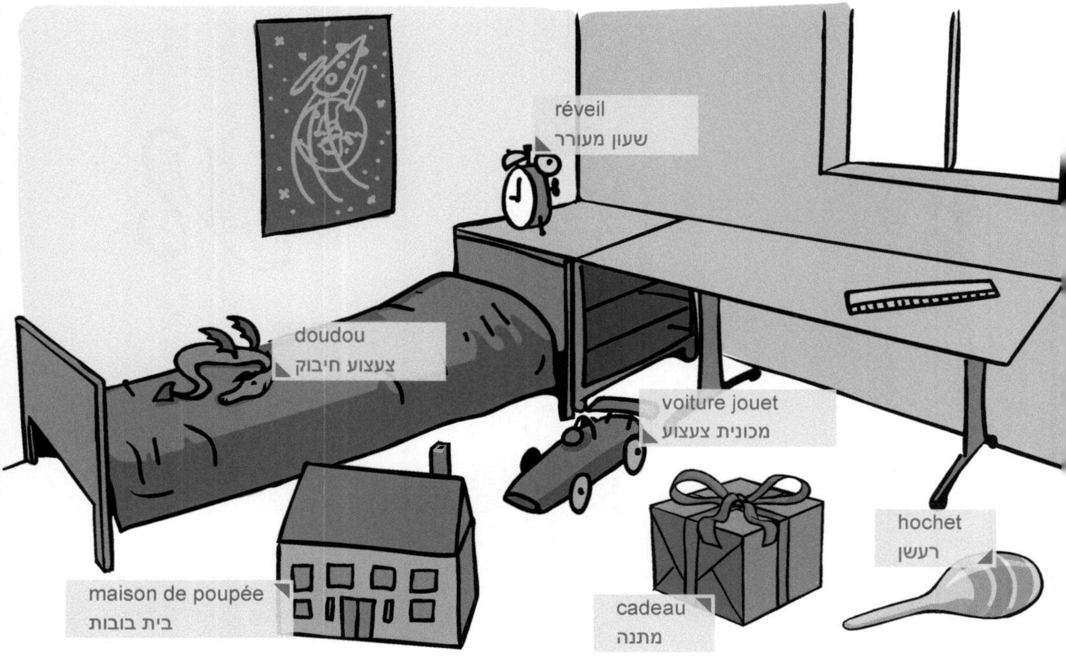

ballon

בלון

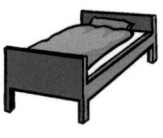

lit

מיטה

poussette

עגלה

jeu de cartes

משחק קלפים

puzzle

פאזל

bande dessinée

קומיקס

pièces lego

לגו

blocs de construction

קוביות משחק

figurine

דמות משחק

grenouillère

סרבל תינוקות

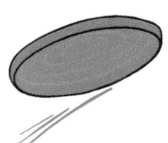

frisbee

פריזבי

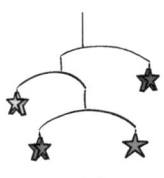

mobile

נייד

jeu de société

משחק לוח

dé

קוביה

train miniature

רכבת צעצוע

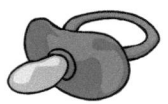

sucette

מוצץ

fête

מסיבה

livre d'images

אלבום תמונות

balle

כדור

poupée

בובה

jouer

שיחק

bac à sable

ארגז חול

balançoire

נדנדה

jouets

צעצועים

console de jeu

קונסולת משחקים

tricycle

אופניים תלת גלגלי

ours en peluche

דובון

armoire

ארון בגדים

vêtements

בגדים

chaussettes

גרביים

bas

גרביונים

collant

גרביון

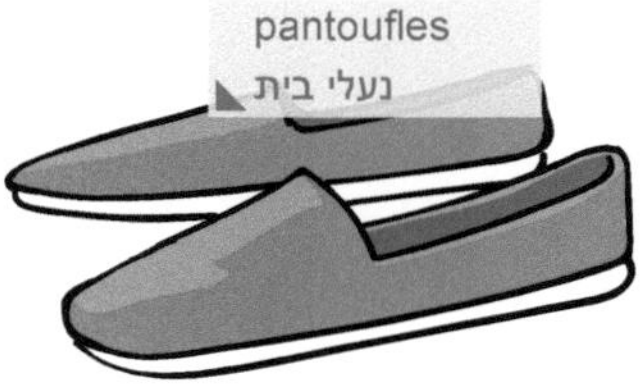

écharpe
צעיף

parapluie
מטריה

ceinture
חגורה

t-shirt
חולצת טי

baskets
נעלי ספורט

bottes
מגפיים

pantoufles
נעלי בית

sandales

סנדלים

chaussures

נעליים

bottes de caoutchouc

מגפי גומי

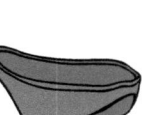

linge de corps

תחתונים

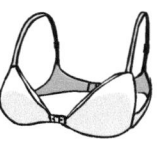

soutien-gorge

חזייה

maillot de corps

וסט

body

גוף

pantalon

מכנסיים

jean

ג'ינס

jupe

חצאית

chemisier

חולצה מכופתרת

chemise

חולצה

pull

אפודה

pull-over à capuche

סווצ'ר עם קפוצ'ון

veste

בלייזר

veste

ז'קט

manteau

מעיל

imperméable

מעיל גשם

costume

תלבושת

robe

שמלה

robe de mariée

שמלת כלה

costume

חליפה

chemise de nuit

כותונת לילה

pyjama

פיג'מה

sari

סארי

foulard

מטפחת ראש

turban

טורבן

burqa

בורקה

caftan

קאפטן

abaya

עבאיה

maillot de bain

בגד ים

costume de bain

בגד ים

cuissettes

מכנסיים קצרים

tenue d'entraînement

בגד אימון

tablier

סינר

gants

כפפות

bouton

כפתור

lunettes

משקפיים

bracelet

צמיד יד

collier

שרשרת

bague

טבעת

boucle d'oreille

עגיל

bonnet

כובע

cintre

קולב

chapeau

כובע

cravate

עניבה

fermeture éclair

רוכסן

casque

קסדה

bretelles

כתפיות

uniforme scolaire

תלבושת בית ספר

uniforme

מדים

bavoir

מפית אוכל

sucette

מוצץ

couche

חיתול

bureau
משרד

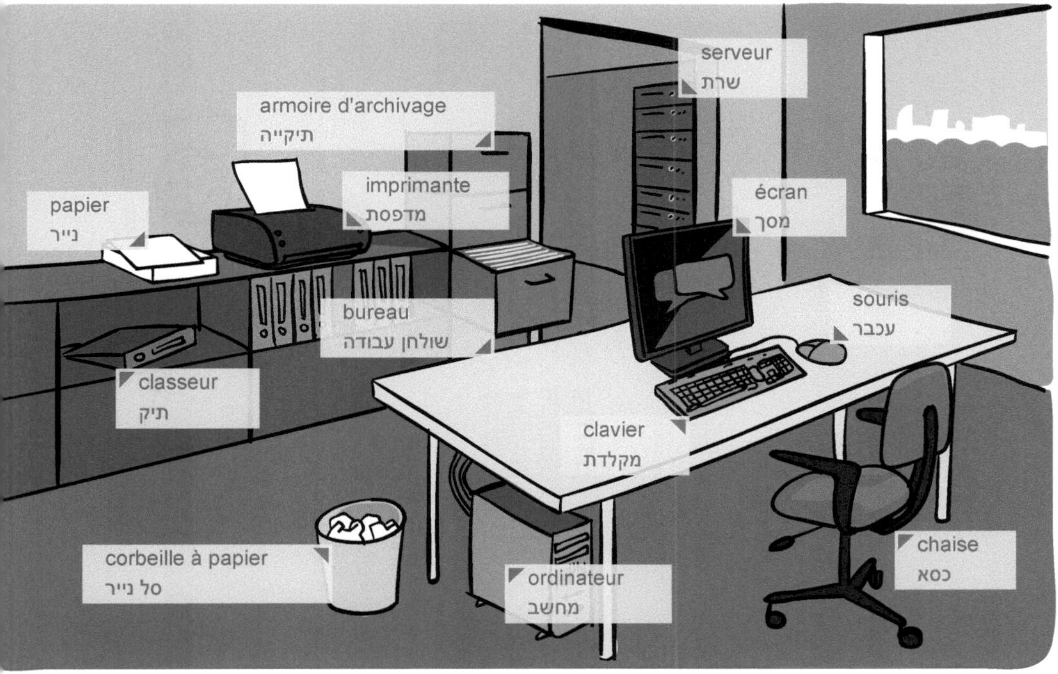

serveur
שרת

armoire d'archivage
תיקייה

papier
נייר

imprimante
מדפסת

écran
מסך

bureau
שולחן עבודה

souris
עכבר

classeur
תיק

clavier
מקלדת

corbeille à papier
סל נייר

ordinateur
מחשב

chaise
כסא

tasse à café

ספל קפה

calculatrice

מחשבון

internet

אינטרנט

ordinateur portable

מחשב נייד

lettre

מכתב

message

הודעה

portable

נייד

réseau

רשת

photocopieuse

מכונת צילום

logiciel

תוכנה

téléphone

טלפון

prise

שקע

fax

פקס

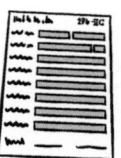

formulaire

טופס

document

מסמך

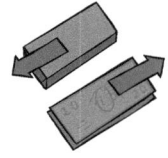

acheter
קנה

payer
שילם

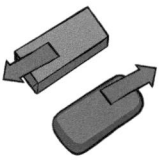

marchander
סחר

monnaie
כסף

dollar
דולר

euro
יורו

yen
ין

rouble
רובל

franc suisse
פרנק שווייצרי

CNY

renminbi yuan
יואן רנמינבי

INR

roupie
רופי

distributeur automatique
כספומט

bureau de change

המרת מטבע

or

זהב

argent

כסף

pétrole

נפט

énergie

אנרגיה

prix

מחיר

contrat

חוזה

taxe

מס

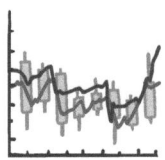

action

מנייה

travailler

עבד

employé

עובד

employeur

מעסיק

usine

מפעל

magasin

חנות

professions
מקצועות

pompier
כבאי
agent de police
שוטר
cuisinier
טבח
médecin
רופא
pilote
טייס

jardinier
גנן

menuisier
נגר

couturière
תופרת

juge
שופט

chimiste
כימאי

acteur
שחקן

conducteur de bus

נהג אוטובוס

chauffeur de taxi

נהג מונית

pêcheur

דייג

femme de ménage

עובדת נקיון

couvreur

מתקן גגות

serveur

מלצר

chasseur

צייד

peintre

צייר

boulanger

אופה

électricien

חשמלאי

ouvrier

עובד בניין

ingénieur

מהנדס

boucher

קצב

plombier

אינסטלטור

facteur

דוור

soldat

חייל

architecte

אדריכל

caissier

קופאי

fleuriste

מוכר פרחים

coiffeur

ספר

contrôleur

כרטיסן

mécanicien

מכונאי

capitaine

קברניט

dentiste

רופא שיניים

scientifique

מדען

rabbin

רב

imam

אימאם

moine

נזיר

prêtre

כומר

outils

כלי עבודה

marteau
פטיש
pinces
צבת
tournevis
מברג
clé
מפתח ברגים
torche
פנס

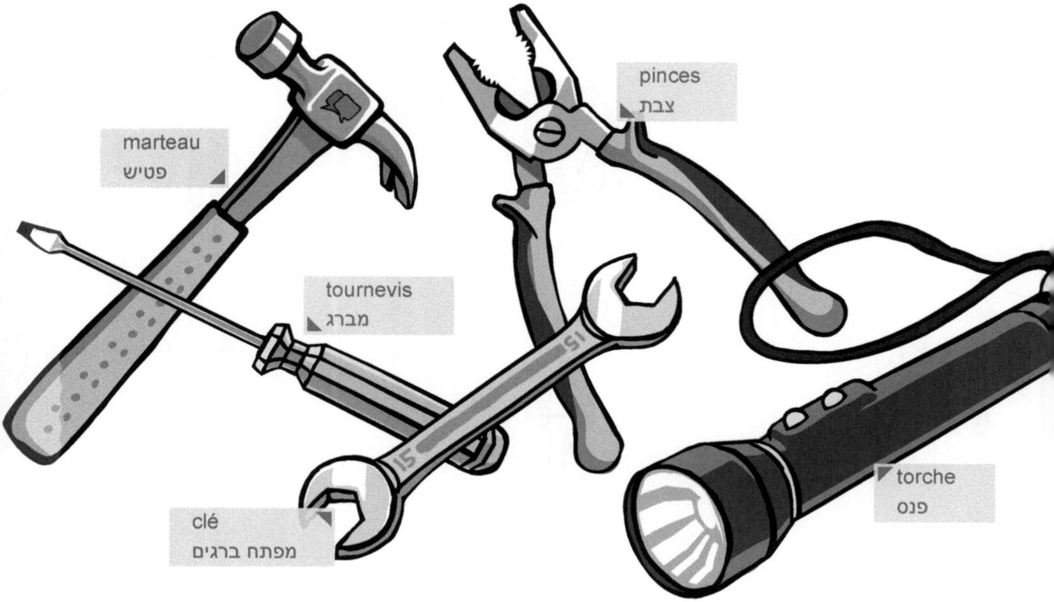

pelleteuse

דחפור

boîte à outils

ארגז כלים

échelle

סולם

scie

מסור

clous

מסמרים

perceuse

מקדחה

réparer

תיקן

pelle

את חפירה

Mince!

לעזאזל!

pelle

יעה

pot de peinture

פח צבע

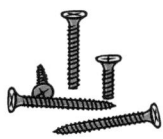

vis

ברגים

instruments de musique

כלי נגינה

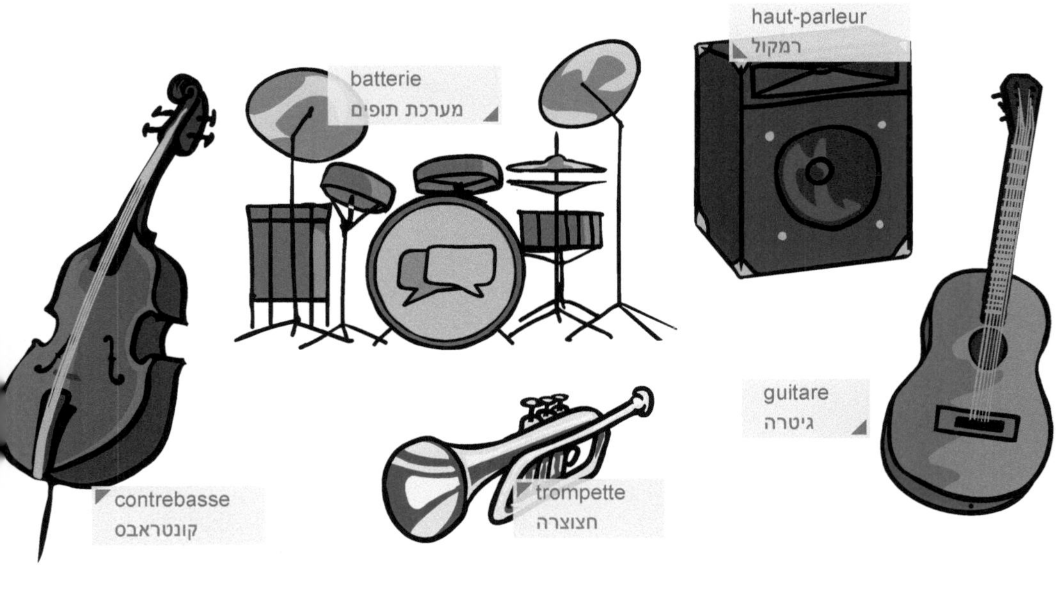

haut-parleur
רמקול
batterie
מערכת תופים
contrebasse
קונטראבס
trompette
חצוצרה
guitare
גיטרה

piano

פסנתר

violon

כינור

basse

בס

timbales

תוף הדוד

tambour

תופים

piano électrique

מקלדת פסנתר

saxophone

סקסופון

flûte

חליל

microphone

מיקרופון

ZOO

גן חיות

entrée
כניסה
tigre
נמר
cage
כלוב
zèbre
זברה
alimentation animale
מזון לחיות
panda
פנדה

animaux

בעלי חיים

éléphant

פיל

kangourou

קנגרו

rhinocéros

קרנף

gorille

גורילה

ours

דוב

chameau

גמל

autruche

יען

lion

אריה

singe

קוף

flamand rose

פלמינגו

perroquet

תוכי

ours polaire

דוב הקרח

pingouin

פינגווין

requin

כריש

paon

טווס

serpent

נחש

crocodile

תנין

gardien de zoo

שומר גן החיות

phoque

כלב ים

jaguar

יגואר

poney

סוס פוני

léopard

לאופרד

hippopotame

היפופוטאם

girafe

ג'ירפה

aigle

נשר

sanglier

חזיר בר

poisson

דג

tortue

צב

morse

סוס ים

renard

שועל

gazelle

איילה

american Football
פוטבול אמריקאי

cyclisme
רכיבת אופניים

tennis
טניס

basket-ball
כדורסל

natation
שחיה

boxe
אגרוף

hockey sur glace
הוקי

football
כדורגל

badminton
בדמינטון

athlétisme
אתלטיקה

handball
כדור-יד

ski
עשה סקי

polo
פולו

activités

פעילויות

rire
צחק
sauter
קפץ
embrasser
חיבק
marcher
הלך
chanter
שר
rêver
חלם
prier
התפלל
faire la bise
נשק

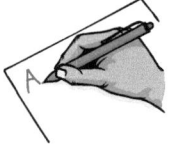

écrire

כתב

dessiner

צייר

montrer

הראה

pousser

דחף

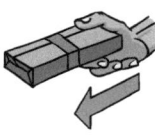

donner

נתן

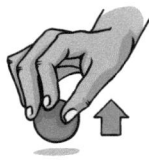

prendre

לקח

avoir

יש / להיות הבעלים

faire

עשה

être

היה

être debout

עמד

courir

רץ

trier

משך

jeter

זרק

tomber

נפל

être couché

שכב

attendre

חיכה

porter

סחב

être assis

ישב

s'habiller

התלבש

dormir

ישן

se réveiller

התעורר

regarder

הסתכל ב-

pleurer

בכה

caresser

ליטף

peigner

סירק

parler

דיבר

comprendre

הבין

demander

שאל

écouter

שמע

boire

שתה

manger

אכל

ranger

סידר

aimer

אהב

cuire

בישל

conduire

נהג

voler

עף

faire de la voile

שט

calculer

חישב

lire

קרא

apprendre

למד

travailler

עבד

se marier

התחתן

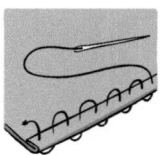

coudre

תפר

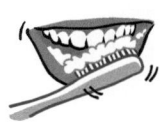

se brosser les dents

ציחצח שיניים

tuer

הרג

fumer

עישן

envoyer

שלח

grand-mère
סבתא

grand-père
סבא

père
אבא

mère
אימא

bébé
תינוק

fille
בת

fils
בן

hôte

אורח

tante

דודה

oncle

דוד

frère

אח

sœur

אחות

corps

גוף

front
מצח
œil
עין
épaule
כתף
doigt
אצבע
visage
פנים
menton
סנטר
main
כף יד
jambe
רגל
poitrine
חזה
bras
זרוע

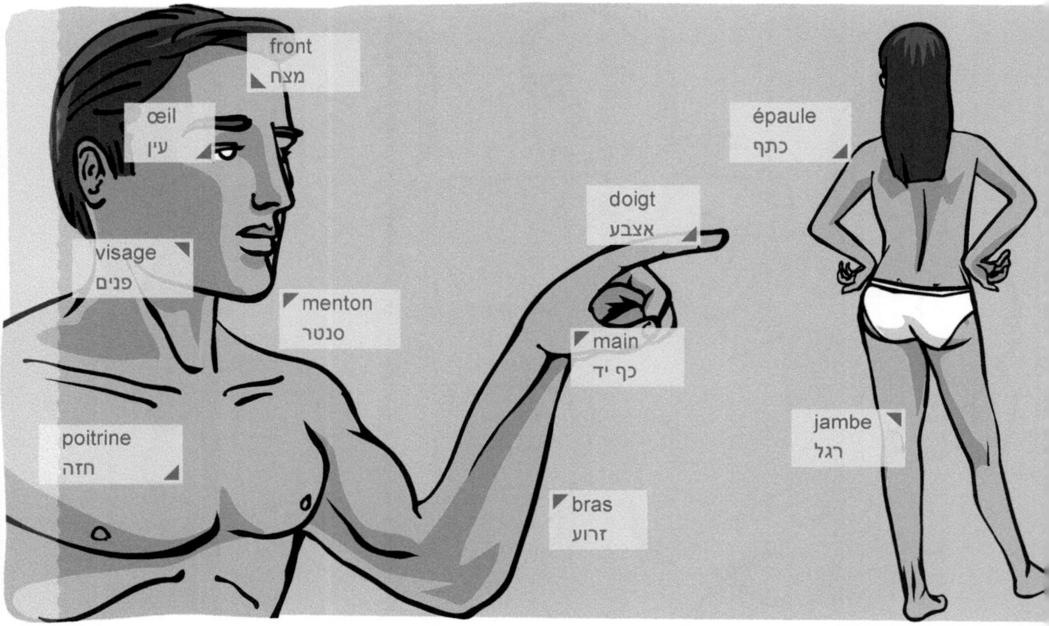

bébé

תינוק

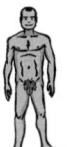

homme

איש

femme

אישה

fille

ילדה

garçon

ילד

tête

ראש

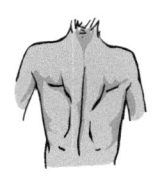

dos

גב

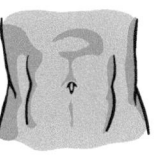

ventre

בטן

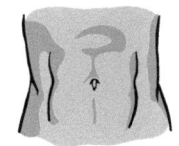

nombril

טבור

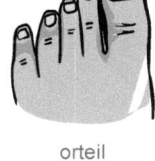

orteil

אצבע

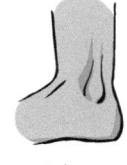

talon

עקב

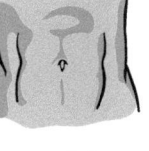

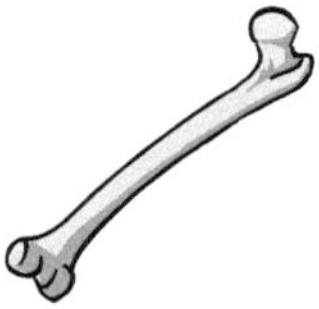

os

עצם

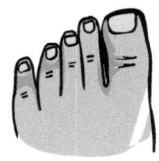

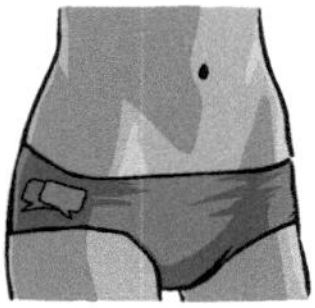

hanche

ירך

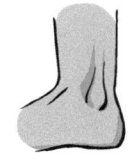

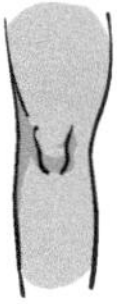

genou

ברך

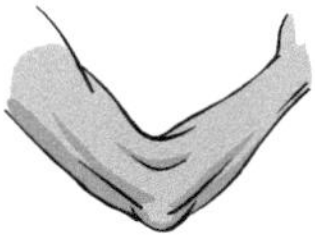

coude

מרפק

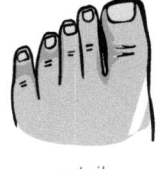

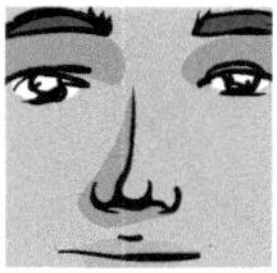

nez

אף

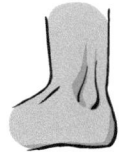

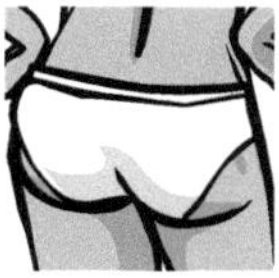

fesses

עכוז

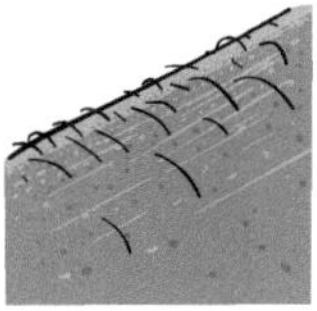

peau

עור

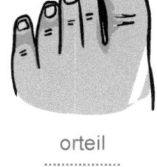

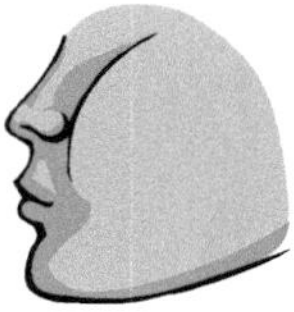

joue

לחי

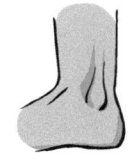

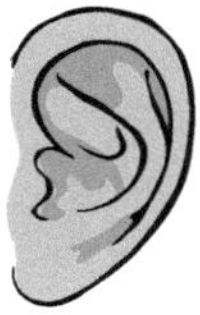

oreille

אוזן

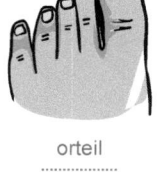

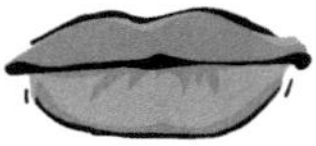

lèvre

שפתיים

bouche
פה

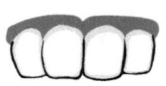

dent
שן

langue
לשון

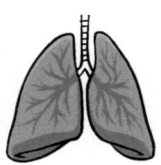

cerveau
מוח

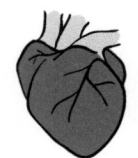

cœur
לב

muscle
שריר

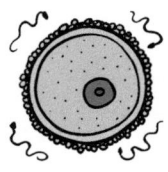

poumons
ריאה

foie
כבד

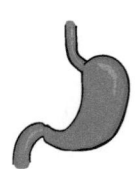

estomac
קיבה

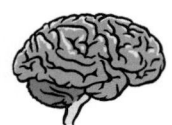

reins
כליות

rapport sexuel
מין

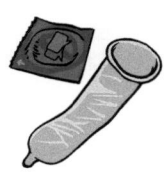

préservatif
קונדום

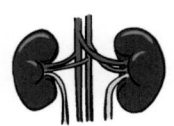

ovule
ביצית

sperme
זרע

grossesse
הריון

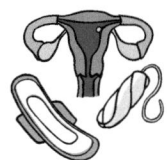

menstruation

ווסת

vagin

נרתיק

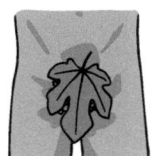

pénis

פין

sourcil

גבה

cheveux

שיער

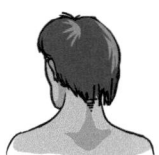

cou

צוואר

hôpital
בית חולים

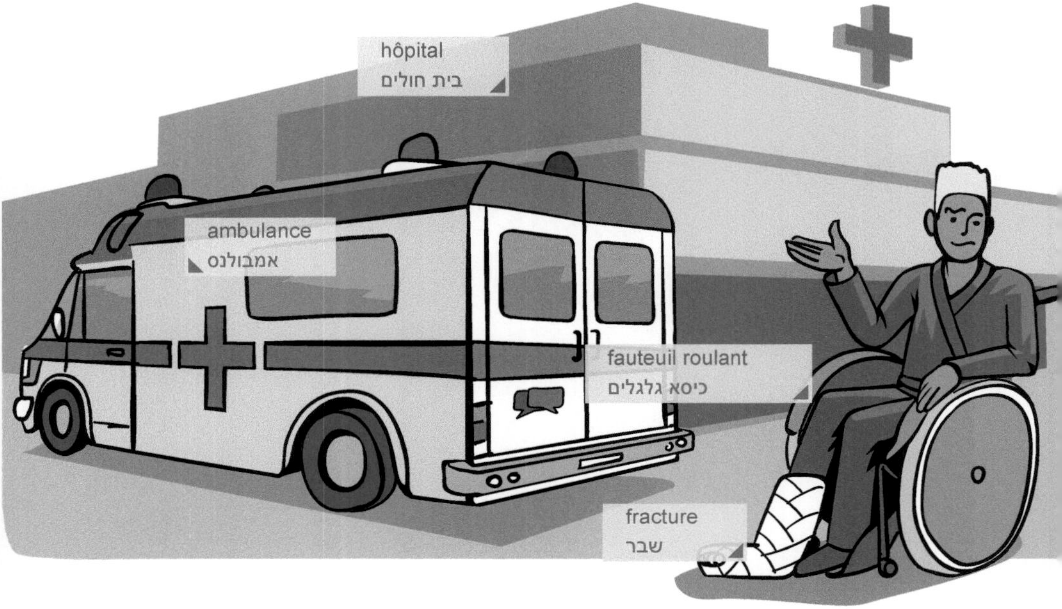

hôpital
בית חולים
ambulance
אמבולנס
fauteuil roulant
כיסא גלגלים
fracture
שבר

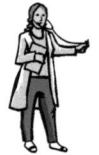

médecin

רופא

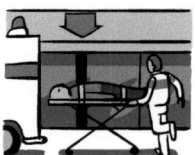

service des urgences

חדר מיון

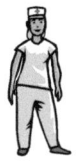

infirmière

אחות

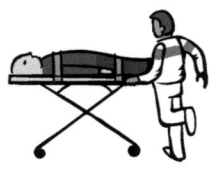

urgence

חירום

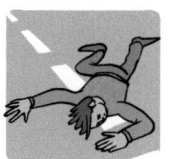

inconscient

חסר הכרה

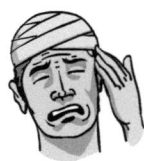

douleur

כאב

blessure

פציעה

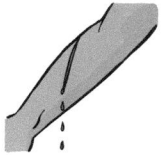

hémorragie

דימום

crise cardiaque

התקף לב

attaque cérébrale

שבץ

allergie

אלרגיה

toux

שיעול

fièvre

חום

grippe

שפעת

diarrhée

שלשול

mal de tête

כאב ראש

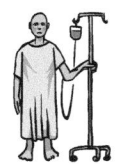

cancer

סרטן

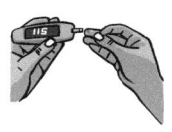

diabète

סוכרת

chirurgien

מנתח

scalpel

אזמל

opération

ניתוח

CT

סי-טי

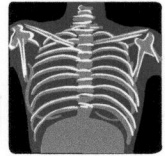

radiographie

רנטגן

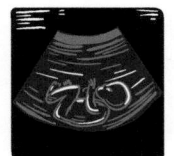

échographie

אולטרסאונד

masque

מסיכת פנים

maladie

מחלה

salle d'attente

חדר המתנה

béquille

קבה

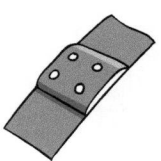

pansement

פלסטר

pansement

תחבושת

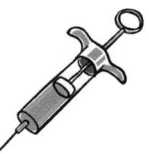

injection

זריקה

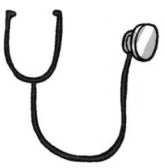

stéthoscope

סטטוסקופ

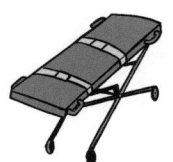

brancard

אלונקה

thermomètre

מד חום

accouchement

לידה

surpoids

עודף משקל

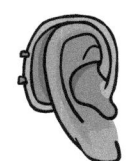

appareil auditif

מכשיר שמיעה

désinfectant

מחטא

infection

זיהום

virus

נגיף

VIH / sida

איידס

médicament

תרופה

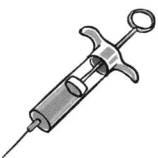

vaccination

חיסון

tablettes

טבליות

pilule

גלולה

appel d'urgence

קריאת חירום

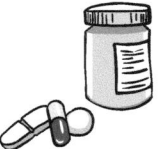

tensiomètre

מד לחץ דם

malade / sain

חולה / בריא

urgence

חירום

Au secours!

הצילו!

alarme

אזעקה

agression

פשיטה

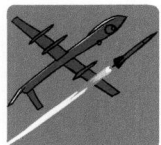

attaque

תקיפה

danger

סכנה

sortie de secours

יציאת חירום

Au feu!

אש!

extincteur

מטף כיבוי

accident

תאונה

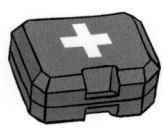

trousse de premier secours

ערכת עזרה ראשונה

SOS

הצילו!

police

משטרה

terre
כדור הארץ

Europe

אירופה

Amérique du Nord

צפון אמריקה

Amérique du Sud

דרום אמריקה

Afrique

אפריקה

Asie

אסיה

Australie

אוסטרליה

Océan atlantique

האוקיינוס האטלנטי

Océan pacifique

האוקיינוס השקט

Océan indien

האוקיינוס ההודי

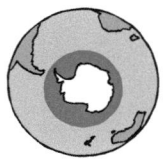

Océan antarctique

האוקיינוס האנטרקטי

Océan arctique

האוקיינוס הארקטי

Pônord

הקוטב הצפוני

Pôsud

הקוטב הדרומי

Antarctique

אנטארקטיקה

terre

כדור הארץ

pays

אדמה

mer

ים

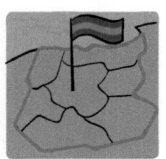

île

אי

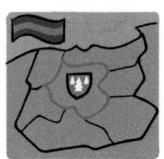

nation

לאום

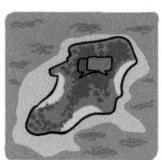

état

מדינה

horloge
שעון

cadran

פני השעון

aiguille des heures

מחוג השעות

aiguille des minutes

מחוג הדקות

aiguille des secondes

מחוג השניות

Quelle heure est-il?

?מה השעה

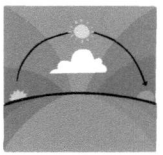

jour

יום

temps

זמן

maintenant

עכשיו

montre digitale

שעון דיגיטלי

minute

דקה

heure

שעה

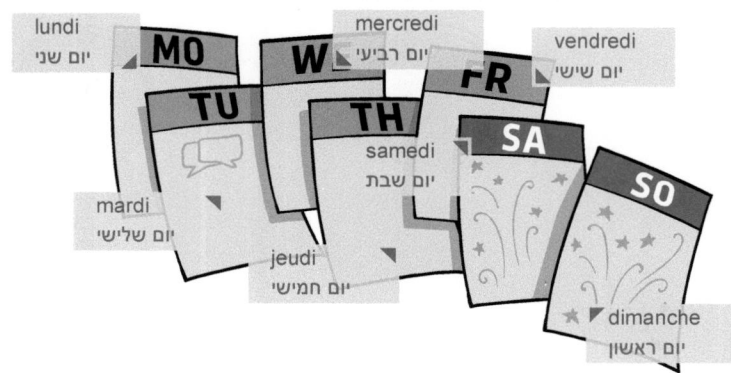

semaine

שבוע

lundi
יום שני
mercredi
יום רביעי
vendredi
יום שישי
SA
samedi
יום שבת
mardi
יום שלישי
jeudi
יום חמישי
dimanche
יום ראשון

hier

אתמול

aujourd'hui

היום

demain

מחר

matin

בוקר

midi

צהריים

soir

ערב

jours ouvrables

ימי עבודה

week-end

סוף שבוע

année

שנה

pluie
גשם
arc-en-ciel
קשת בענן
neige
שלג
vent
רוח
printemps
אביב
automne
סתיו
été
קיץ
hiver
חורף

4.APRIL 11°
5.APRIL 4°
6.APRIL 13°
7.APRIL 8°
8.APRIL 10°

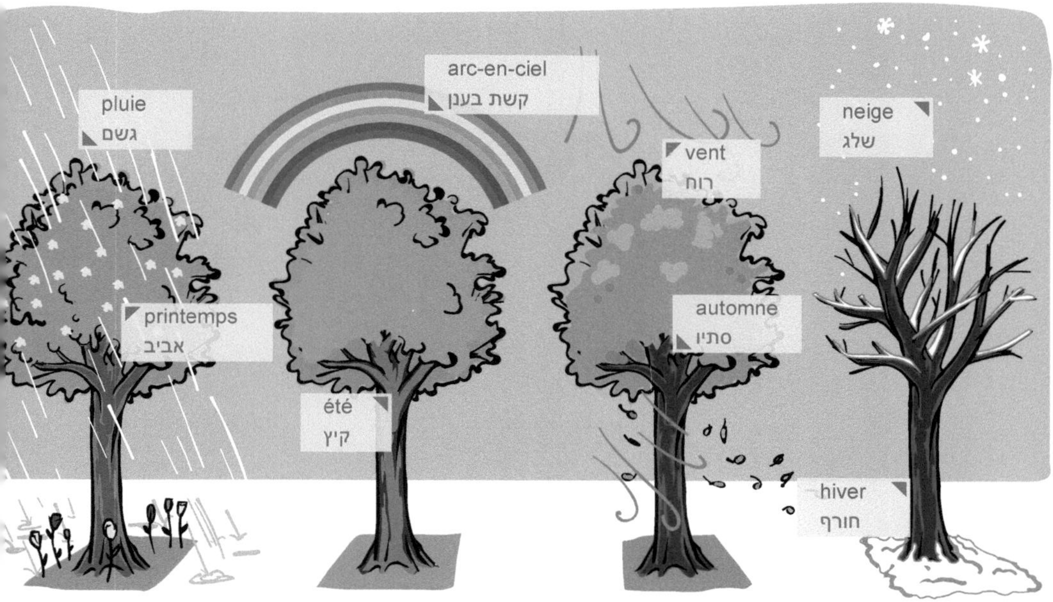

météo
....
תחזית מזג האוויר

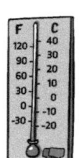

thermomètre
....
מד חום

lumière du soleil
....
אור שמש

nuage
....
ענן

brouillard
....
ערפל

humidité
....
לחות

foudre

ברק

tonnerre

רעם

tempête

סערה

grêle

ברד

mousson

רוח עונתי

inondation

שיטפון

glace

קרח

janvier

ינואר

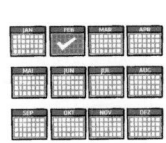

février

פברואר

mars

מרץ

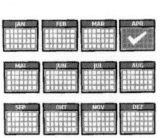

avril

אפריל

mai

מאי

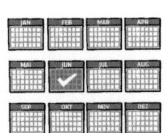

juin

יוני

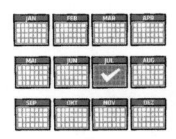

juillet

יולי

août

אוגוסט

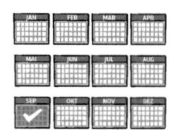

septembre

ספטמבר

octobre

אוקטובר

novembre

נובמבר

décembre

דצמבר

formes

צורות

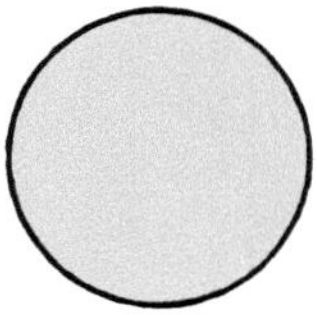

cercle

עיגול

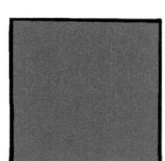

carré

מרובע

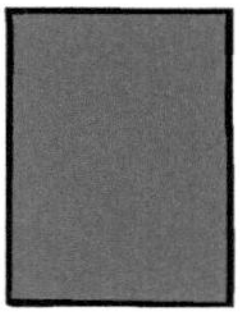

rectangle

מלבן

triangle

משולש

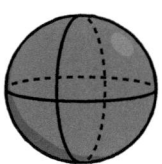

sphère

כדור

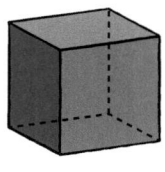

cube

קובייה

couleurs

צבעים

blanc

לבן

jaune

צהוב

orange

כתום

rose

ורוד

rouge

אדום

violet

סגול

bleu

כחול

vert

ירוק

marron

חום

gris

אפור

noir

שחור

oppositions
הפכים

beaucoup / peu
הרבה / מעט

fâché / calme
כועס / רגוע

joli / laid
יפה / מכוער

début / fin
התחלה / סוף

grand / petit
גדול / קטן

clair / obscure
בהיר / כהה

frère / sœur
אח / אחות

propre / sale
נקי / מלוכלך

complet / incomplet
שלם / חלקי

jour / nuit
יום /לילה

mort / vivant
מת / חי

large / étroit
רחב / צר

comestible / incomestible

אכיל / לא אכיל

méchant / gentil

רשע / טוב לב

excité / ennuyé

מתרגש / משועמם

gros / mince

שמן / רזה

premier / dernier

ראשון / אחרון

ami / ennemi

חבר / אויב

plein / vide

מלא / ריק

dur / souple

קשה / רך

lourd / léger

כבד / קל

faim / soif

רעב / צמא

malade / sain

חולה / בריא

illégal / légal

בלתי-חוקי / חוקי

intelligent / stupide

נבון / טיפש

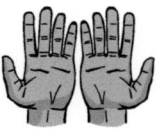

gauche / droite

שמאל / ימין

proche / loin

קרוב / רחוק

nouveau / usé

חדש / משומש

rien / quelque chose

כלום / משהו

vieux / jeune

זקן / צעיר

marche / arrêt

פעיל / כבוי

ouvert / fermé

פתוח / סגור

faible / fort

שקט / רועש

riche / pauvre

עשיר / עני

correct / incorrect

נכון / שגוי

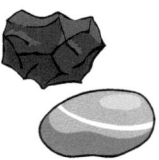

rugueux / lisse

מחוספס / חלק

triste / heureux

עצוב / שמח

court / long

קצר / ארוך

lent / rapide

איטי / מהיר

mouillé / sec

רטוב / יבש

chaud / froid

חם / קר

guerre / paix

מלחמה / שלום

nombres

מספרים

0

zéro

אפס

1

un

אחת

2

deux

שתיים

3

trois

שלוש

4

quatre

ארבע

5

cinq

חמש

6

six

שש

7

sept

שבע

8

huit

שמונה

9

neuf

תשע

10

dix

עשר

11

onze

אחת-עשרה

12
douze

שתים-עשרה

13
treize

שלוש-עשרה

14
quatorze

ארבע-עשרה

15
quinze

חמש-עשרה

16
seize

שש-עשרה

17
dix-sept

שבע-עשרה

18
dix-huit

שמונה-עשרה

19
dix-neuf

תשע-עשרה

20
vingt

עשרים

100
cent

מאה

1.000
mille

אלף

1.000.000
million

מיליון

langues

שפות

anglais

אנגלית

anglais américain

אנגלית אמריקאית

chinois mandarin

סינית מנדרינית

hindi

הודית

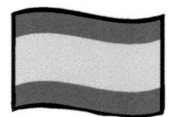

espagnol

ספרדית

français

צרפתית

arabe

ערבית

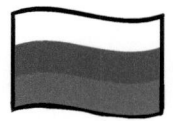

russe

רוסית

portugais

פורטוגזית

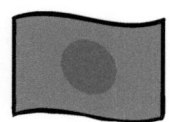

bengali

בנגלית

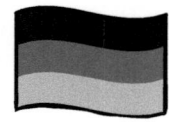

allemand

גרמנית

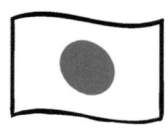

japonais

יפנית

qui / quoi / comment

מי / מה / איך

je

אני

tu

אתה / את

il / elle

הוא / היא / זה

nous

אנחנו

vous

אתם

ils / elles

הם

qui?

מי?

quoi?

מה?

comment?

איך?

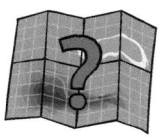

où?

איפה?

quand?

מתי?

nom

שם

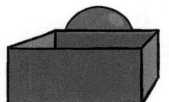

où

איפה

derrière

מאחור

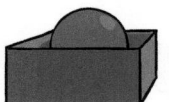

dans

בתוך

devant

לפני

au-dessus

מעל

sur

על

en-dessous

מתחת

à côté de

ליד

entre

בין

lieu

מקום